亲子故事

天天讲 JIANG

虹月 编著

上海人民美术出版社

前言

爱听故事，这是孩子的天性。研究表明，适时地、多方面地、多角度地讲故事给孩子听，是对孩子进行早期启蒙教育的最佳途径。

本书将孩子启蒙教育阶段可以掌握的语言训练方面的内容，灵活地融会在一个个引人入胜的童话故事中，让孩子在听讲故事的同时，毫不费力地全面提高听讲、记忆、理解等方面的综合语言能力。

父母是孩子的第一任老师，在绵绵不断的亲情中，父母通过讲、读的方式把一个个有趣的故事传达给孩子，帮助孩子健康成长。讲读的方式一般来说有两种，一种是：父母按原文一字不漏地读给孩子听；另一种是：父母用口语的形式把故事讲给孩子听。这两种方式可以根据不同的故事灵活地加以选择，也可以同一个故事采用两种方式来讲和读，这样既能提高孩子的口头表达能力，又能提高孩子规范的书面语言表达能力。

为了全方位地提高孩子的语言表达能力，本书在每个故事后精心设计了许多新颖有趣的栏目，这些栏目或是字词方面的训练，或是理解方面的训练，或是语言表述方面的训练等，家长可以根据孩子的理解能力和接受能力，有目的地选择训练的前后顺序。

新世纪的孩子需要新世纪的书籍，愿每一个孩子成为聪明的宝宝，健康的宝宝！

编者

目录

红眼睛小灰鼠

有只小灰鼠,名叫吱吱。她呀,动不动就哭。走路摔跤她哭,树叶子落到头上她也哭。哭啊哭,哭红了眼睛。

"你的眼睛红红的,真像是红灯。"一只鸭子摇摇摆摆走过来说。

"我们一起来做指挥交通的游戏吧。"一只青蛙蹦蹦跳跳过来说。

"对呀,快开始吧!"一群小鸡跑来,叽叽喳喳地说。

游戏开始了,鸭子做交通警察,他手里拿根树枝站在草地中央,吱吱灰鼠站在一边,当红灯。

当青蛙开着他的玩具车过来的时候,鸭子喊"停",吱吱灰鼠得把眼睛睁得大大的,好让驾驶员看清红灯。

当小鸡们一起坐着玩具大卡车过来的时候,青蛙喊"走",吱吱灰鼠得马上闭上眼睛,好让大卡车"轰轰"地开过去。

接着,轮到青蛙做交通警察。青蛙做了交通警察,一只只小鸡又一个个轮过来。

吱吱灰鼠也想做交通警察,可是大家说:"你不能做交通警察的,交通警的眼睛不会那么红的。"

吱吱灰鼠听了,"呜呜呜呜"哭着跑回家去。

不过后来啊,吱吱灰鼠慢慢改掉了爱哭的毛病,瞧,她笑得多开心!

点拨台

很多小朋友都有爱哭的毛病,通过讲这个故事,让孩子知道哭是不好的。

● **读读答答**

　　吱吱灰鼠的眼睛为什么红红的？像什么？伙伴们和吱吱灰鼠一起做什么游戏？谁最先做交通警察？吱吱灰鼠也想做交通警察，大家怎么说？

● **练一练**

　　请用故事中红色的词造句。

● **排时间顺序**

　　请按故事发生的时间先后，在括号里写上 1、2、3 的序号。

吱吱灰鼠"呜呜呜"哭着跑回家去。（　）

吱吱灰鼠和伙伴们一起玩指挥交通的游戏。（　）

一只鸭子摇摇摆摆走过来对吱吱灰鼠说："你的眼睛红红的，真像是红灯。"（　）

● **看图编故事**

　　从图中任意选出 3 幅小图，编一个完整的故事。

爸爸"树"

天蓝蓝的,风微微吹,天气多好啊!

小鸟在天上飞,在树上唱歌;还有的,停在绿绿的草地上,这里跳跳,那里跳跳。

"格格格"传来了一阵欢快的笑声,还有急急的奔跑的脚步声。

原来是一高一矮两个人,高的是爸爸,矮的是女儿。

突然,小女孩站住了,竖起一个手指放在唇边上,发出轻轻的一声:"嘘——"

爸爸点点头,做个怪脸。

小女孩一点点往前走,不发出一点点声音。因为激动,小脸涨得好红好红。

小鸟跳一跳,看一眼小女孩;又跳一跳,看一眼小女孩;然后"扑拉"一声,飞起来了。

"小鸟飞走了!"小女孩说,小脸更红了。

"真的,小鸟飞走了。"爸爸说,伸开两条长长的手臂,像小鸟的翅膀一样上下起伏,起伏……

小女孩笑起来,声音好甜好甜。"扑拉,扑拉",她像小鸟一样"飞"起来。

现在,小女孩绕着一棵"树"在飞。

这是一棵好奇怪的树。有鼻子、眼睛,还有嘴巴。

哦,原来,这是爸爸装扮的树啊!爸爸穿着绿衣服、绿裤子,真像一棵高高的树。

如果爸爸说"宝宝,累了,休息一会吧",小女孩就会马上说,"你是一棵树,不能说话的"。

如果爸爸动了动身子,小女孩就又会马上说,"你是一棵树,不能动的"。

"啪嗒","树"倒下了,一动不动。

"爸爸——",小女孩大声叫着扑向爸爸。

"爸爸,你是一棵树,不能倒下的!"

真的,爸爸"树"一下子跳起来,把小女孩高高地举起来,放到自己宽宽的肩膀上。一边大声笑着,说:"哦,小鸟停在树上啰!小鸟停在树上啰!"

"格格格"的笑声传得很远很远。

● **读读答答**

小女孩为什么突然站住了？她为什么不发出一点点声音？小女孩绕着一棵"树"飞，这是一棵怎样的树？"树"说起话来，小女孩怎么说？"树"动了动身子，小女孩怎么说？"树"倒下了，小女孩怎么样？

● **练一练**

请用故事中红色的词造句。

● **排时间顺序**

请按故事发生的时间先后，在括号里写上 1、2、3 的序号。

小女孩绕着一棵"树"飞。（　　）

跑来了一高一矮两个人。（　　）

小鸟在天上飞，在树上唱歌，在草地上跳来跳去。（　　）

● **看图编故事**

根据下面的图编一个完整的故事。

点拨台

通过这个故事，培养孩子热爱动物的思想感情，以及丰富的想像能力。

爸爸迷路了

爸爸出差去了,好长时间没回来。小女孩好想爸爸呀。爸爸、爸爸,你快点回来吧。回来,我好陪你玩啊。小女孩等啊等,爸爸还是没回来。

小女孩"呜呜呜"哭起来,哭得好伤心。边上的小猫咪好奇地看着她,"喵呜喵呜"地叫,好像在说:"别哭,别哭,小眼睛哭肿了多难看呀。"小女孩还是哭,哭着去找妈妈。

"宝宝,怎么了? 为什么哭呀?"妈妈抱起小女孩,急急地问。

"妈妈,爸爸一定是迷路了,找不到家了。"小女孩哭着说。

"宝宝,我们来打电话给爸爸好吗? 宝宝来告诉爸爸回家的路怎么走。"妈妈说着,接通了爸爸的电话。

谁知啊,小女孩听见话筒里爸爸的声音,哭得更响了。这是怎么回事呀?

你听,小女孩说:"妈妈,爸爸变成那么小的人藏在话筒里,以后怎么跟我玩啊?"

妈妈笑起来,说:"傻孩子,是爸爸的声音在话筒里。"

晚上,小女孩做梦梦见了爸爸,爸爸高高地把她举起来,举啊举,快要碰到天上的云朵了。

点拨台

在教孩子学会打电话后,爸爸妈妈可给孩子讲讲有关电话的一些知识。

● 读读答答

　　小女孩为什么哭？妈妈接通了爸爸的电话，小女孩听到话筒里爸爸的声音，为什么哭得更响了？晚上，小女孩梦见了什么？

● 练一练

　　请用故事中红色的词造句。

● 猜猜看

丁零零，丁零零，
一头说话，一头听，
两人不见面，说话听得清。

谜底: 电话。

● 量词对对碰

个　台　串　盏

一（　　）花生　　一（　　）灯　　一（　　）电话机　　一（　　）人

● 看图编故事

　　根据下面 3 幅图编一个完整的故事。

乖乖兔遇险

天气暖洋洋的，乖乖兔和贝克猪出门散步去。他们走到一片草地上，贝克猪说："乖乖兔，我们来比赛翻跟头怎么样？"

"好啊！"乖乖兔说。

他们在草地的一头站好了，"1、2、3"，比赛开始了！

渐渐地，乖乖兔领先了，可是——哎呀，他忘了前边有一个湖，"扑通！"一个跟头翻到湖里去了。

"救命啊！"乖乖兔吓得大叫，四肢在水里乱扑腾。

贝克猪听见了，连忙跑上来，急得在湖边团团转，他可一点也不会游泳呢！看看四周，见不到一个人影；要跑到街上去叫人，时间太长了，说不定乖乖兔就……

突然，贝克猪眼睛一亮，他一眼看到一边的草地上，有一根粗粗的木头，对了！有办法了。他跑过去，抱起木头，以最快的速度跑回湖边，叫声"乖乖兔"，就把木头扔了下去。

木头掉下去的地方离乖乖兔不远，生的欲望使乖乖兔奋力靠近木头，并紧紧地抱住了。

"乖乖兔，千万要抓紧，别松手啊！"贝克猪叫着，转身向西蒙街飞奔。

大约十多分钟后，贝克猪带着长颈鹅来了。长颈鹅跑到湖边，二话不说，"扑腾"跳进湖里，向乖乖兔游去。

"抱紧我的脖子，爬到我背上来！"长颈鹅游近乖乖兔，叫道。

乖乖兔终于得救了，唉！真险啊。

点拨台

这个故事告诉孩子遇到危险该怎么办。爸爸妈妈可设计各种危险的场景，教孩子知道该怎么应付。

● 读读答答

天气暖洋洋的,乖乖兔和贝克猪出门去干什么? 他们在草地上进行什么比赛? 结果发生了什么事? 贝克猪是怎么救乖乖兔的?

● 练一练

请用故事中红色的词造句。

● 猜猜看

一个胖大汉,
头插两把扇,
走一步,
扇一扇。

谜底: 猪。

● 量词对对碰

棵　座　把　只

一(　　)兔子　　一(　　)扇子　　一(　　)树　　一(　　)房子

● 看图编故事

根据下面 3 幅图编一个完整的故事。

四个"方方"

山谷里住着一户人家,爸爸、妈妈和一个独生子方方。方方一个人觉得孤单时,就跑到林子里去玩。

方方的动物朋友中有一个小熊,一个野兔,还有一个住在小溪边的青蛙。一天,三个动物朋友聚在一起,说要去方方家拜访方方和他的爸爸、妈妈。青蛙说:"我们都改名叫方方,这样,方方的爸爸、妈妈就会觉得我们也像是他们的孩子了。"

第二天中午,方方的爸爸、妈妈走出屋子喊:"方方,快回来吃午饭!"随着叫声,他们听到了跑步声,声音是从四个方向传来的,这真是奇怪啊!

从东面跑过来一个小熊,他喊道:"爸爸、妈妈,我是方方!"

"我是方方!"接着,从南面跑来一只野兔。

"爸爸、妈妈,我来了!"那个从西面跑来的才是真正的方方呢!

"爸爸、妈妈,你们是叫我吗?我叫方方!"那从北面跑来的是谁?是青蛙。

爸爸、妈妈看看这个,看看那个,惊奇地说:"你们真的都叫方方吗?"

"是啊,我们都叫方方!"他们大声回答。

四个方方和爸爸、妈妈紧紧地拥抱,看,爸爸、妈妈笑得多开心!

点拨台

通过讲这个故事,培养孩子热爱动物,懂得动物和人类是朋友的思想感情。

● 读读答答

　　方方一个人觉得孤单时，他跑到哪里去玩？方方的动物朋友是谁？它们为什么都改名叫方方？第二天，当方方的爸爸、妈妈叫方方吃饭时，为什么听到了从四面传来的答应声？

● 练一练

　　请用故事中红色的词造句。

● 排时间顺序

　　请按故事发生的时间先后，在括号里写上 1、2、3 的序号。

第二天中午，当方方的爸爸、妈妈喊方方吃饭时，从四面传来了答应声。（　）
当方方感到孤独时，就跑到林子里去和他的三个动物朋友玩。（　）
四个"方方"和爸爸、妈妈紧紧拥抱。（　）

● 词语找朋友

　　请将左右两边可形成正确意义的词用线连起来。

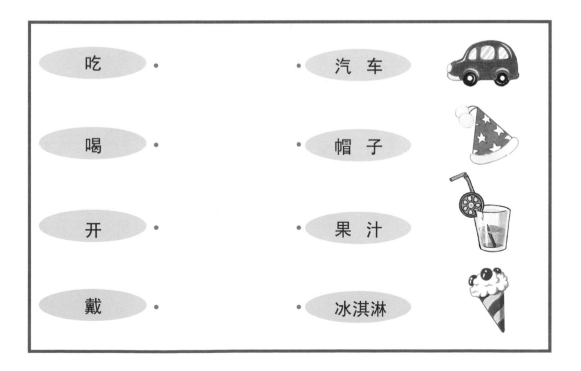

吃　·　　　·　汽车

喝　·　　　·　帽子

开　·　　　·　果汁

戴　·　　　·　冰淇淋

大狼飞上了天（上）

今天是大狼的生日，早上醒来，大狼对自己说："我要在一天里做三件好事！"

大狼跑下山坡，来到魔术师家。"请教我一样本领吧！"他说。

魔术师让大狼念一句咒语，"叽哩咕噜吸啪砰！"

"叽哩咕噜吸啪砰！"大狼念道。

这是一句能让东西缩小的咒语。

离开魔术师家，大狼往前走，走到一条河边，看到河上有座桥。

"叽哩咕噜吸啪砰！"大狼念道。

转眼间桥缩小了，变成一条细线悬在河上。正巧有个老大爷走来，看到变小了的桥，他惊奇地叫道："哎呀呀，这可怎么过桥呀！"

不好，闯祸了！赶快溜吧。

点拨台

要求孩子能复述故事，并讲讲对于生日的理解。

● **读读答答**

大狼生日的那一天,他早上醒来对自己怎么说？大狼跑下山坡,到了谁的家？大狼向魔术师学了一句什么魔语？结果发生了什么事？

● **练一练**

请用故事中红色的词造句。

● **考考你**

请根据故事内容,改正下面句子中的错误。

1、大狼跑上山坡,来到巫师家。

2、离开巫师家,大狼往前走,来到大海边。

3、"叽哩咕噜吸啪砰!"大狼念道。转眼间桥变大了,悬在河上。

● **填一填**

根据图意,请将"稳稳当当、仔细、笨重、灵巧"填在下面适当的句子中。

1、小蚂蚁坐在小鸭背上,
(　　　　)过了河。

2、河马的身子看上去
真(　　　　)啊!

3、小弟弟蹲在树下,
(　　　　)地观察蚂蚁搬家。

4、(　　　　)的小猴子在
树上蹿来蹿去。

大狼飞上了天（下）

大狼来到一座城市，走过一个幼儿园，趴在窗户上看小朋友上课。

看了一会，有人把上课的女教师叫走了，大狼走进教室，对小朋友们说："我来给你们上课吧！"

小朋友们都笑起来，大狼做老师，真好玩！

一张卡片上写着个大大的"疼"字，大狼教小朋友们一起念，念完三遍，有个小姑娘举手说："大狼老师，'疼'是什么意思呀？"

"这很简单！"大狼老师说，走到小姑娘面前，用力掐了她一下。小姑娘疼得哭起来。其他小朋友叫道："大狼老师打人啰！大狼老师打人啰！"

大狼逃走了，这有多难为情啊！

有只小鸟被关在鸟笼子里，叫得好伤心。大狼打开鸟笼子放小鸟飞走了。

大狼什么地方也不想去，"叽哩咕噜吸啪砰！"他念道。大狼自己变小了，就跟一只鸟差不多大，跟一只鸟差不多大的大狼钻进了鸟笼子。

很多人都来看，有小孩，也有大人，大家看得哈哈笑。看到别人高兴，大狼的心情也好了起来。

后来大狼飞上了天，有许多的鸟一起衔着鸟笼子在天上飞。大狼说，这是他一生中最最特别、也最最开心的一个生日。

点拨台

讲完故事，可要求孩子说说这是一头怎样的大狼，喜欢不喜欢大狼。

● **读读答答**

　　大狼来到一座城市，到了哪里？大狼看到有人把幼儿园的老师叫走了，大狼怎么说？小朋友们怎么说？后来，大狼为什么逃出了幼儿园？大狼看到有只小鸟被关在鸟笼子里，他是怎么做的？

● **练一练**

　　请用故事中红色的词造句。

● **故事理解**

　　大狼是怎么飞上天的？请从下面三句话中，选择一个正确答案。

1、大狼在鸟笼子里念魔语，飞上了天。
2、许许多多鸟一起衔着鸟笼子飞上了天。
3、大狼变成一只鸟飞上了天。　　　　　　　　　　　　（　　）

● **看图编故事**

　　请根据下面的图编一个完整的故事。

长头发妖精 （上）

有个住在树林子里的妖精，长着长长的头发，脾气很大。

一天早上，长头发妖精还在睡梦中，一阵"叽叽喳喳"的鸟叫声把她给吵醒了。长头发妖精非常生气，跳起来挥舞着双手叫道："不许叫！不许叫！"

哎呀！不得了，长头发妖精一发脾气，天空中立刻刮起了十级大风，大风"呼呼"怪叫着，横冲直撞。

这时候，猫儿正在自家家门口的树干上磨他的两只爪子，大风刮过来，"呼"一下，把他身上的毛全给吹光了。猫儿拼了命去追，可是哪儿还追得着，毛向四面八方吹开去，一会儿就没了踪影。

东边的一家屋子里，狗儿坐在餐桌前，正准备品尝他的美味早餐——果子羹，突然，"砰"，大风撞开窗户，冲进来把果子羹上的葡萄干全刮走了。狗儿好生气，一拳打下去，没打到风，却把果子羹给砸扁了。

有个厨师，一早起来梳洗完毕，对着镜子刚戴上他的假牙，冷不防大风吹来，一转眼假牙给刮走了。

"一定是长头发妖精作的怪！"猫儿、狗儿跑过来说。

"对！咱们得去找她算帐。"厨师张着没牙的嘴说，带头向树林子的方向跑去。

点拨台

故事讲到这里，可让孩子想像故事的结尾，再比较故事的下半部分，看哪个结尾好。

● **读读答答**

　　一天早上，谁吵醒了长头发妖精？长头发妖精一发脾气，刮起了几级大风？大风吹走了猫儿的什么？刮走了狗儿和厨师的什么？三个受害者准备去干什么？

● **练一练**

　　★ 请用故事中红色的词造句。
　　★ 请选出适当的词，替换下面句子中蓝色的词。

　　紧紧地　　弯弯的　　使劲　　毛绒绒的

1、雨后，天上出现了一条美丽的彩虹。

2、可爱的小鸡在草地上走来走去。

3、小兔子用力拔萝卜，拔啊拔，拔不出来。

4、小狗和小猫亲密地靠在一起。

● **看图说话**

　　根据下面三幅图的图意，分别说三句完整的句子。

21

长头发妖精 下

树林子里，长头发妖精的样子狼狈极了，她因为刚才脾气发得太大，不小心把长发缠在了密密的树枝上，怎么也挣脱不了。

"可恶的妖精，你赔我的毛！"猫儿气呼呼地说。

"还有我的葡萄干！"狗儿说。

"还有我的假牙！"厨师说。

"对不起！"长头发妖精耷拉着脑袋说，"可是我动不了了。"

"活该！"猫儿说。

"嘻嘻，这是对你的惩罚！"狗儿说。

厨师想了想，说："我帮你把头发解开，你答应以后不随便乱发脾气，好吗？"

长头发妖精点点头答应了，因为她那样子实在是太难受了。

长头发妖精获得了自由，为了弥补给大家带来的损失，她到处飞着去找猫儿的毛、狗儿的葡萄干、厨师的假牙。最后，这些东西都回到了它们的主人那儿。

从此后，长头发妖精记着厨师的话，脾气改了许多。当然，偶尔，她还会控制不住自己……不过，那样的次数越来越少了。

点拨台

这个童话故事告诉孩子：随便发脾气是不好的，对待犯了错的人，要宽容。

● **读读答答**

　　猫儿、狗儿和厨师进了树林子,看见了怎样的一幕?猫儿怎么说?狗儿怎么说?厨师又怎么说?长头发妖精是怎么回答的?谁帮长头发妖精解开了长头发?结果怎么样?

● **练一练**

　　请用故事中红色的词造句。

● **猜谜语**

白天打呼噜,
晚上像老虎,
哪个最怕它?
坏蛋小老鼠。

谜底:猫。

● **形容词对对碰**

洁白的　蓝蓝的　碧绿的　美丽的

(　　　)的花儿　　(　　　　　　)的草地
(　　　)的天空　　(　　　　　　)的云朵

● **圈一圈**

　　请圈出与词意相符合的图。

　☆ 快　乐

绿青蛙和灰蛤蟆（上）

灰蛤蟆早上起来照照镜子，突然不高兴起来。"我的皮肤一点也不绿，不像绿青蛙那么好看。"

灰蛤蟆哪儿也不想去，坐在地板上生气。绿青蛙来了，敲敲门，说："蛤蟆，是我，快开门！"

"我今天谁也不见，"灰蛤蟆说，"你回去吧。"

"我是你最好的朋友呀，难道你连我也不想见了吗？"隔着门，绿青蛙惊讶地问。

"不见！"灰蛤蟆气冲冲地回答。

灰蛤蟆为什么不高兴？他到底怎么了？绿青蛙担忧地想，我得让他重新快乐起来。

绿青蛙绕到窗子旁，从窗口跳进屋，想尽一切办法逗灰蛤蟆笑。可是灰蛤蟆紧绷着脸，就是不笑。搔他痒痒，他不笑；说笑话给他听，他不笑；跳滑稽的舞蹈给他看，他也不笑。

绿青蛙一点办法也没有了，坐下来陪灰蛤蟆一起生气。

灰蛤蟆不好意思啦，告诉绿青蛙他为什么不高兴。"我的皮肤一点也不绿，没有你好看。"他说。

"我不能把我的皮剥下来换给你，这个我做不到。"绿青蛙说。他想啊想，有办法了！跳起来，打开门冲了出去。

点拨台

结合这个故事，爸爸妈妈可给孩子讲讲朋友的重要性。但是要告诫孩子：交朋友，一定要交真正的朋友。

● **读读答答**

灰蛤蟆早上起来,为什么突然不高兴起来?谁来了?绿青蛙想什么办法逗灰蛤蟆高兴?灰蛤蟆高兴起来了吗?

● **练一练**

请用故事中红色的词造句。

● **故事理解**

灰蛤蟆为什么不高兴?请从下面三句话中,选择一个正确答案。

1、因为灰蛤蟆失去了最好的朋友——绿青蛙。
2、因为灰蛤蟆觉得自己的皮肤不绿,不好看。
3、因为灰蛤蟆没有东西吃。　　　　　　　(　　)

● **形容词对对碰**

洁白的　　蓝蓝的　　碧绿的　　美丽的

(　　　)的花儿　　　　(　　　)的草地
(　　　)的天空　　　　(　　　)的云朵

● **圈一圈**

请圈出与词意相符的图。

★ 嘘!别出声!

绿青蛙和灰蛤蟆（下）

不一会儿，绿青蛙拎着一大桶绿色的颜料回来了。他用刷子蘸上颜料，一下一下往灰蛤蟆身上涂。背上涂好了，涂脸上；脸上涂好了，涂四肢。"好了，去照照镜子吧！"绿青蛙放下刷子说。

站在镜子前，灰蛤蟆满意地笑了。他冲上来拥抱绿青蛙，并要求立即去外面走走。

他们走在路上，大家都回过头来看，说："真奇怪，这个走在绿青蛙身边的得意洋洋的家伙是谁呀？"

"是青蛙的好朋友蛤蟆呀！"灰蛤蟆回答。

大家都笑起来，摇摇头说："青蛙的好朋友是灰蛤蟆，不是你！"

"那我是谁？"灰蛤蟆低头看着自己，说，"为了做青蛙的好朋友，我还是情愿做灰蛤蟆。"

这时候天突然下起雨来，哗哗的雨水冲走了灰蛤蟆身上的颜料，灰蛤蟆又变成了原来的模样。

"青蛙的好朋友还是我，这真好！"灰蛤蟆说，和绿青蛙手拉着手往前走去。

点拨台

这个故事的主旨是：一个人应该做最真实的自己。

● **读读答答**

　　绿青蛙用绿色的颜料干什么用？灰蛤蟆全身上下涂上了绿颜色后，为什么立即要求去外面走走？绿青蛙和灰蛤蟆走在路上，别人怎么说？灰蛤蟆怎么说？结果怎么样？

● **练一练**

　　请用故事中红色的词造句。

● **考考你**

　　请根据故事内容，改正下面句子中的错误。

1、灰蛤蟆最好的朋友是大熊。

2、绿青蛙给灰蛤蟆全身上下涂上了蓝颜色。

3、灰蛤蟆用河水冲走了身上的颜料。

猜谜语

小时穿黑衣，
长大披绿袍，
爱跳不爱走，
捉虫呱呱叫。

谜底：青蛙。

连一连

　　将"词意"与"图意"相同的用线连起来。

哭　　　　笑　　　　吃惊

巨人理发师（上）

有个巨人，在城里开了一家理发店。巨人理发师的手艺真好，咔嚓咔嚓，狮子的头发剪好了；咔嚓咔嚓，兔子的头发剪好了；

咔嚓咔嚓，狗儿的头也剪好了。"巨人理发师真好，头发剪得又快又好看！"城里的居民们说。

后来，城里流行起长发来了。

狮子披着长发路过理发店，巨人理发师说："狮子先生，您该理发啦！"狮子摇摇头说："对不起！我的头发还没长长呢。"

兔子披着长发路过理发店，巨人理发师说："兔子小姐，您该理发啦！"兔子摇摇头说："对不起！我的头发还没长长呢。"

狗儿披着长发路过理发店，巨人理发师说："狗儿师傅，您该理发啦！"狗儿摇摇头说："对不起！我的头发还没长长呢。"

点拨台

为培养孩子的语言表达能力，可要求孩子复述故事。

● **读读答答**

巨人在哪里开了一家理发店？巨人的手艺怎么样？城里的居民怎么说？后来，城里流行起什么来了？狮子、兔子和狗儿为什么都说它们的头发还没长长？

● **练一练**

请用故事中红色的词造句。

● **排时间顺序**

请按故事发生的时间先后，在括号里写上 1、2、3 的序号。

狗儿披着长发路过理发店，巨人请狗儿理发，狗儿不要。（　　）

巨人的手艺真好，咔嚓咔嚓，狮子的头发剪好了。（　　）

城里的居民夸赞巨人。（　　）

● **动词对对碰**

擦　　洗　　扫　　削

（　　）铅笔　　（　　）桌子　　（　　）碗　　（　　）地

● **连一连**

将"词意"与"图意"相同的用线连起来。

好疼　·　　　　好累　·　　　　好冷　·

·　　　　　　　·　　　　　　　·

巨人理发师 (下)

　　没有人来请巨人理发师理发，巨人理发师只好拿着大剪子去剪草坪。草坪剪完了，咔嚓咔嚓，再来剪树叶子。"哎呀呀，树叶子可不能剪！树叶子剪光了，城里光秃秃的，多难看。"大家有意见啦！

　　"不让剪树叶子，那剪什么呢？"巨人理发师真发愁。

　　天上飘过一片云。"对，去剪云朵吧。"

　　巨人理发师飞到天上去，咔嚓咔嚓剪起云朵来。哎呀呀，云朵被剪破，哗啦哗啦下起雨来了。雨儿淋湿了狮子的长发，兔子的长发，狗儿的长发，还有……大家生气地嚷道："别剪啦！别剪啦！"

　　好吧，那就不剪呗。

　　可是没有活儿干，真不是一件舒服的事！唉，只好剪剪衣服解解谗啦。咔嚓咔嚓，巨人理发师用力剪起衣服来。"快来看呢，巨人理发师发疯了哎！"城里的居民们吵吵闹闹向理发店跑来，有的趴在窗口看，有的挤在门口瞧。"哈呵，太好了！来了这么多理发的。"巨人理发师一抬头，高兴得呵呵大笑起来。大家一窝蜂往远处逃，可是哪儿逃得出巨人的长手，巨人左手一抓，抓住一个，咔嚓咔嚓，把长发剪掉；右手一抓，抓住一个，咔嚓咔嚓，剪掉长发……

　　剪掉了长发，大家互相惊讶地打量着，说："原来短发看起来挺神气的嘛！"

　　……

　　城里又开始流行起短发来，巨人理发师又开始忙忙碌碌地干起他的活儿来了。

点拨台

　　结合故事，教育孩子要注意个人卫生，不要跟着所谓的潮流走。

● 读读答答

没有人来找巨人理发，巨人只好干什么呢？剪完了草坪，巨人又去剪什么？大家的态度怎么样？巨人接着去剪什么？发生了什么事？巨人剪衣服，大家是怎么认为的？结果怎么样？

● 练一练

请用故事中红色的词造句。

● 故事理解

巨人飞到天上去，剪破云朵，这时候发生了什么事？请从下面三句话中，选择一个正确的答案。

1、天下起雨来了。
2、天变晴了。
3、天打起雷来了。　　　　　　　　　　　　（　　）

● 拼音游戏

小小要找爸爸，要沿着名字中以拼音"b"为开头的图的路线走就可以找到爸爸了。

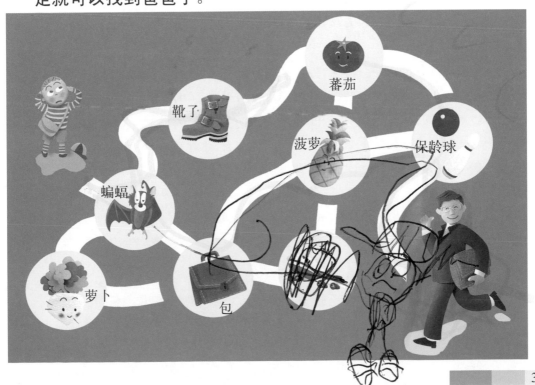

魔法奶奶和粽子娃娃（上）

　　魔法奶奶一个人住在一幢粉红色的房子里。这一年6月份的一天，魔法奶奶坐在窗前，扳着手指头算日子。当她扳到第5个手指头的时候，她跳起来大叫道："明天是端午节哎！"

　　魔法奶奶知道，端午节有吃粽子的习俗。可是，魔法奶奶不想吃粽子，她想变出一大群粽子娃娃来跟自己玩。"我还从来没有跟粽子娃娃玩过呢！"她说完，像一阵风刮进了房间里。

　　魔法奶奶背不出变粽子娃娃的魔语，又找不到那本整整有500页的魔法书。

　　"唉，我的记性大不如以前了。"魔法奶奶一屁股坐在地板上，敲着自己的脑袋说。

　　魔法奶奶决定碰碰自己的运气，她闭上眼睛念道："啊里来吗各并！"随着最后一个字从魔法奶奶的嘴里吐出来，房间里像下雨似的，掉下一大群青蛙娃娃。青蛙娃娃们团团围住魔法奶奶，向魔法奶奶大声问好，可是魔法奶奶心里只想着粽子娃娃，她挥挥手，打开窗子，让青蛙娃娃们全都跳到窗外去。

　　接着，魔法奶奶一连念了十七、八条魔语，可是每回变出来的都不是粽子娃娃。

　　最后，魔法奶奶累了，她站起来向床走去，走到一半就倒下来睡着了。

点拨台

　　结合故事，可给孩子讲讲各个节日的风俗，如端午节吃粽子，中秋节吃月饼等。

● 读读答答

魔法奶奶一个人住在哪里？ 6月份的一天,魔法奶奶坐在窗前干什么？她想用魔法变出什么来？魔法奶奶为什么到处找魔法书？她找到了吗？魔法奶奶随便念了一句魔语,结果怎么样？

● 练一练

请用故事中红色的词造句。

● 考考你

请根据故事内容,改正下面句子中的错误。

1、魔法奶奶和小精灵一起住在一幢红色的房子里。

2、8月份的一天,魔法奶奶坐在床前算日子。

3、魔法奶奶在抽屉里找到了魔法书。

拼音游戏

请在下面两栏的图中,找出读音以"p"开头的图画,并打"○"。

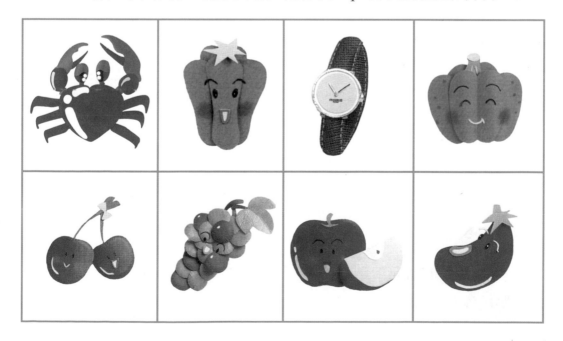

魔法奶奶和粽子娃娃（下）

魔法奶奶睡着了，她刚才变出来的许许多多青蛙娃娃、蜜蜂娃娃、苹果娃娃、面包娃娃，还有积木娃娃、火车娃娃、梯子娃娃、戴尖顶帽的小丑娃娃等等都没有睡着。他们决心要帮助魔法奶奶找到那本魔法书，有了魔法书，就能变出粽子娃娃来了！

瞧，青蛙娃娃们钻进床底下找魔法书，蜜蜂娃娃们飞进了烟囱里，苹果娃娃们滚到大橱底下找，面包娃娃们跳进了抽屉里，还有梯子娃娃，爬到了屋顶上，火车娃娃在房间里到处转悠……结果在哪里找到了魔法书呢？在魔法奶奶冬天穿的一件棉大衣的口袋里找到了！

魔法奶奶醒来了，当她看到身边的魔法书，还没来得及高兴呢，就急急忙忙地翻到第 499 页。就在这一页的右上角，写着一条变粽子娃娃的魔语呢！

魔法奶奶变出了 100 个粽子娃娃，100 个粽子娃娃围着魔法奶奶唱歌、跳舞。魔法奶奶笑啊笑，差一点笑掉了假牙呢。

点拨台

童话故事能培养孩子的想像力，应创造条件让孩子接触各种风格的童话故事。

● **读读答答**

魔法奶奶睡着了,这时候发生了什么事?魔法奶奶变出来的许许多多娃娃,它们要干什么?魔法奶奶醒来后,看见了什么?魔法奶奶在哪一页找到了变粽子娃娃的魔语?魔法奶奶变出了多少个粽子娃娃?

● **练一练**

请用故事中红色的词造句。

● **根据故事内容填空**

瞧,青蛙娃娃们( )进床底下找魔法书,蜜蜂娃娃们( )进了烟囱里,苹果娃娃们( )到大橱底下找,面包娃娃们( )进了抽屉里,还有梯子娃娃,( )到了屋顶上,火车娃娃在房间里到处( )……

● **拼音游戏**

在以读音为"m"开头的图画上打"○"。

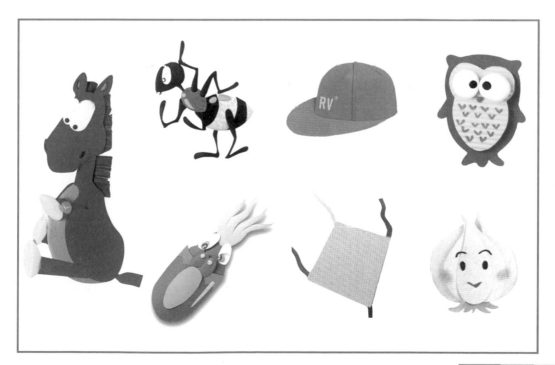

美味城堡（上）

河边有一座美味城堡。美味城堡的墙是土拨鼠理丝用巧克力砌的。美味城堡的屋顶是袋鼠新美用棉花糖做的。美味城堡的门、窗是棕熊亚姆用饼干安的。

这真是一座美味城堡呢。瞧，椅子啊、桌子啊、杯子啊、床啊、鞋子啊等等全是用好吃的东西做的。

美味城堡的香味传得很远很远，天上的鸟儿们飞来了。

美味城堡的香味传得很远很远，住在树林里的动物们跑来了。

美味城堡的香味传得很远很远，住在地底下的动物们奔来了。

美味城堡的香味传得很远很远，住在河里的鱼儿们争先恐后游来了。

嘻嘻，所有的动物朋友都住进了美味城堡。土拨鼠理丝把一只冰激凌椅子递给喜鹊。袋鼠新美把一只哈立克鞋子拿给小袋鼠。棕熊亚姆把一只蛋糕杯子拿给土拨鼠，又把一只果酱鱼缸送给金鱼。

大家吃啊、舔啊，笑啊、跳啊，快活极了。

点拨台

在给孩子讲下半个故事前，让孩子展开充分的想像，想像故事接下去会如何发展。

● 读读答答

　　美味城堡的墙是用什么砌的？屋顶是用什么做的？门、窗是用什么安的？美味城堡的香味传得很远很远，哪些动物被吸引来了？

● 练一练

　　★ 请用故事中红色的词造句。
　　★ 请选择适当的词，替换下面句子中蓝色的词。

　　迅速　　奋力　　爬　　聚

1、小鸟展翅飞翔在天空。

2、小老鼠"吱吱"叫着，急忙逃走了。

3、小猫飞快地钻过了篱笆。

4、愉快的牛儿、羊儿走到一起来了。

● 猜猜看

有个妈妈真奇怪，
身上带个大口袋，
不放萝卜不放菜，
里面放着小乖乖。

谜底：袋鼠。

● 拼音游戏

　　在以读音为"sh"开头的图画上打"○"。

美味城堡（下）

香味儿和笑声儿引来了一个坏巨人。坏巨人要抢走美味城堡呢。"你们全都滚开！滚开！"坏巨人大喊大叫着说。

土拨鼠理丝、袋鼠新美、棕熊亚姆立刻指挥大家保卫美味城堡！蜜蜂们勇敢地向坏巨人展开刺刀战。鱼儿们机智地向坏巨人展开水枪战。鸟儿们飞上天向坏巨人撒下一张大网。其他许许多多的动物呢，向坏巨人展开包围战。

坏巨人被制服了。大家罚他吃三天三夜冰激凌。坏巨人的肚子一点点鼓起来，碰到了天上的云朵，他捂着肚子大叫："哎哟，我的肚子好难受！"

大家看着巨人的滑稽相，忍不住哈哈大笑起来。

点拨台

通过讲这个故事，让孩子明白：做坏事终究没有好的下场。

● **读读答答**

　　香味儿和笑声儿引来了谁？坏巨人要干什么？谁指挥大家保卫美味城堡？蜜蜂们向坏巨人展开什么战？鱼儿们向坏巨人展开什么战？坏巨人有没有被制服？大家是如何惩罚坏巨人的？

● **练一练**

　　请用故事中红色的词造句。

● **填一填**

　　根据图意，请将"干净、豪华、晴朗、快活"填在下面适当的句子中。

1、鱼儿在水中（　　）地游来游去。　　2、（　　）的天空，飘着朵朵白云。

3、瞧，他把窗玻璃擦得多（　　）。　　4、梅花鹿住进了（　　）的旅馆。

● **拼音游戏**

　　你们找一找有哪两种动物的读音是以拼音"h"开头的。

长颈鹅骑车（上）

长颈鹅过生日，爸爸鹅送给他一辆漂亮的自行车。

"哦，我有自行车啰！我有自行车啰！"长颈鹅高兴得大喊大叫，跳上车，用力踩动自行车的踏板，自行车像飞一样往前冲去。

前面路上，鸡妹妹边走边采着路边的野花儿。

"你好！鸡妹妹。看，我的自行车多漂亮啊！"长颈鹅得意地喊道，自行车像一阵风冲过鸡妹妹身旁。

鸡妹妹冷不防被吓一跳，心一慌，哎呀，手里的花儿全掉在了地上。

"你——"鸡妹妹生气地跺着脚说。长颈鹅呢，骑着自行车早跑远了。

自行车跑过小路，冲上了一片绿绿的草地。

点拨台

让孩子复述故事，并想像故事接下去会怎样发展。

● **读读答答**

　　长颈鹅过生日，爸爸鹅送给他什么？前面路上，鸡妹妹在干什么？长颈鹅是怎么喊叫的？自行车像什么冲过鸡妹妹的身旁？鸡妹妹被吓得怎么样？你觉得长颈鹅这样做对不对？

● **练一练**

　　请用故事中红色的词造句。

● **词语接龙**

例：高兴——（兴奋）——（奋斗）——（斗争）

读书——（　　）——（　　）——（　　）——（　　）

努力——（　　）——（　　）——（　　）——（　　）

融化——（　　）——（　　）——（　　）——（　　）

● **拼音游戏**

　　在以下图片中，找出读音以"x"开头的图画，并打上"○"。

长颈鹅骑车（下）

草地上，兔奶奶拎着篮子正低头采蘑菇呢。长颈鹅没看清，自行车的轮子一下从篮子上压了过去，篮子立刻发出"嘎吱嘎吱"的声音，给压扁了。

"哎呀，我的篮子！"兔奶奶心疼地叫起来。

长颈鹅一看，不好！吓得赶紧逃。

突然，迎面一棵大树挡住了去路，长颈鹅猛一惊，想赶快刹车。可是，来不及了，自行车重重地撞上了粗粗的树干。

"妈呀！"长颈鹅惊慌地叫道，身子像飞镖从车上飞了出去。他从半空落下来时，长长的脖子挂上了一根斜伸出去的树枝，样子看上去真是狼狈极了。再看自行车，前面的车轮被撞瘪了，车把歪向了一边，唉！

……

据说后来，长颈鹅再也不敢骑快车了。

点拨台

这个故事告诉孩子：不管是骑车，还是做其他的事，一定要注意安全。否则，吃苦头的还是自己。

● 读读答答

　　草地上,兔奶奶在干什么？长颈鹅又闯了什么祸？长颈鹅怎么样？接着发生了什么事？你知道长颈鹅后来为什么不敢再骑快车了吗？

● 词语接龙

　　　　动物——（　）——（　）——（　）——（　）

　　　　兔子——（　）——（　）——（　）——（　）

　　　　谜语——（　）——（　）——（　）——（　）

　　　　相同——（　）——（　）——（　）——（　）

拼音游戏

　　让我们在以读音为"h"开头的图画上打"○"。

垃圾怪物（上）

　　小猫威利不爱干净。吃剩下的饭菜他往窗外扔，不要的破袜子、破鞋子他往窗外扔，发臭的鱼干他也往窗外扔……瞧，他家的窗外堆成了好大一座垃圾山。

　　魔法猪走过小猫威利家窗外，啪！一把烂菜皮扔在他头上。魔法猪好生气，说："真该好好教训教训他！"说着，魔法猪对着垃圾山念道："啊哩咕咚。"立刻，垃圾山变成了一个垃圾怪物，垃圾怪物跳上窗台，伸开双臂扑向小猫威利："好朋友，来，拥抱一下吧！"

　　哎呀，垃圾怪物浑身臭味，可真恶心！小猫威利好不容易从垃圾怪物的怀抱中挣脱出来，撒腿就逃。小猫威利在前面逃，垃圾怪物在后面追，许许多多看热闹的动物说："嘻嘻，这下小猫威利要吃苦头了。"

点拨台

　　结合故事，可给孩子讲讲不讲卫生的害处，让孩子从小养成爱清洁、讲卫生的好习惯。

● **读读答答**

　　威利是一只怎样的小猫？他家的窗外怎么会出现一座垃圾山的？谁走过威利家的窗外？他为什么很生气？结果发生了什么事？

● **练一练**

　　请用故事中红色的词造句。

● **故事理解**

　　垃圾怪物是怎么来的呢？请从下面三句话中，选择一个正确的答案。

　　1、垃圾怪物是从垃圾山里钻出来的。
　　2、垃圾怪物是魔法猪念了魔语后，由垃圾山变成的。
　　3、垃圾怪物是魔法猪带来的。　　　　　　　　　　　（　　）

● **词语接龙**

　　飞快——（　）——（　）——（　）——（　）

　　精神——（　）——（　）——（　）——（　）

　　兴趣——（　）——（　）——（　）——（　）

　　思念——（　）——（　）——（　）——（　）

● **拼音游戏**

　　让我们在以读音为"q"开头的图画上打"○"。

垃圾怪物（下）

小猫威利爬上屋顶飞快地逃，又"噼哩啪啦"游过了一条河。"唉！总算摆脱了垃圾怪物。"小猫威利说，刚想坐下来喘口气，回头一看，不好！垃圾怪物又追来了。

小猫威利赶快逃回家，"砰！"一声关上门。可是，哎呀，垃圾怪物从门缝里挤进来了！

唉，垃圾怪物可真疯，他把垃圾扔在小猫威利的锅里，还在小猫威利的床上翻跟头。"求你到别的地方去吧！"小猫威利哭着央求道，"我再也不随便乱扔垃圾了！"

这时，魔法猪又出现在小猫威利家窗外。"嘎啦咕哩。"他念道。立刻，垃圾怪物不见了……

这件事后，每次见到垃圾桶，小猫威利都会神经兮兮地乱跑一通。不过，他还真变了，再也不敢随便乱扔垃圾了。

点拨台

讲完故事，可要求孩子复述故事，以此培养孩子的语言表达能力。

● **读读答答**

小猫威利有没有逃脱垃圾怪物的追赶？小猫威利逃回家，垃圾怪物从哪里挤了进来？垃圾怪物在小猫威利的屋子里疯，小猫威利是怎么央求的？这时，谁来了？这件事后，小猫威利变得怎么样了？

● **练一练**

请用故事中红色的词造句。

● **排时间顺序**

请按故事发生的时间先后，在括号里写上 1、2、3 的序号。

垃圾怪物在小猫威利的床上翻跟斗。（ ）
小猫威利"噼哩啪啦"游过了一条河。（ ）
小猫威利逃回家，垃圾怪物又从门缝里挤了进来。（ ）

● **量词对对碰**

袋　　匹　　台　　封

一（　　）信　一（　　）空调　一（　　）马　一（　　）面粉

● **语言推理**

依题示内容圈出最符合意思的图。

★ 享利在挖鼻孔。

魔毯（上）

　　鸭子住在靠近河边的一块草地上，他的邻居中有一位青蛙妈妈。青蛙妈妈住在草地上，她的孩子们却住在河里。不过再过一天，小青蛙们就要像他们的妈妈一样搬到草地上来住了，他们都已经长出了四条腿，不再是以前的小蝌蚪了。这对草地的居民来说，是一件大事。这天，趁青蛙妈妈又回到河里去照看她的孩子们，鸭子和大家走到一起来，商量第二天在小青蛙们搬到草地来以后，怎样举行一个盛大的仪式来欢迎他们。

　　"鸭子先生，你不是有一条魔毯吗？你站上你的魔毯表演飞行给孩子们看，一定会非常棒的！"蛤蟆说。

　　鸭子一拍巴掌说："对呀，我怎么忘了我有这样一件宝贝呢！"

　　大家分头回去准备节目。鸭子一摇一摆地赶到家，到处找魔毯。可是奇怪，哪儿也没有魔毯的影子！魔毯哪儿去了？"没有魔毯我可什么也干不了！"鸭子一屁股坐在地上，不知如何是好。突然他想起他还记得一句寻找失物的咒语，连忙念道："叽哩嘎拉碰！"

　　话音刚落，一只田鼠猛一下跳到他面前，差点一脚踩到他身上去。"见鬼！我要的是我的魔毯。"鸭子没好气地说。

　　"原来是这样！"田鼠说，"你为什么不去向住在树林子里的小人精借一条来呢，他可是什么宝贝都有的呀。"

点拨台

　　结合故事，可给孩子讲讲有关青蛙的知识，以及小蝌蚪是怎么变成青蛙的。

● 读读答答

　　鸭子住在哪里？青蛙妈妈住在哪里？青蛙妈妈的孩子们住在哪里？再过多少时间，青蛙妈妈的孩子们就要搬到草地上来了？青蛙妈妈去照看她的孩子，鸭子和大家商量要干什么？鸭子准备表演什么节目？他回家找魔毯，找到了吗？

● 练一练

　　请用故事中红色的词造句。

● 考考你

　　请根据故事内容，改正下面句子中的错误。

1、青蛙妈妈住在靠近树林的一块草地上。

2、青蛙妈妈去照看她的孩子，鸭子和大家商量要买礼物送给青蛙妈妈的孩子们。

3、长颈鹅建议鸭子用魔毯表演飞行。

4、鸭子回家用咒语变出了魔毯。

● 变戏法

　　一变二，请拆分下面的字，如：种——禾——中。

样——（　）——（　）　　　糖——（　）——（　）
奶——（　）——（　）　　　坡——（　）——（　）

● 语言推理

　　依题示内容圈出最符合意思的图。

★ 苏珊正在喝汤。

魔毯（下）

鸭子出发去找小人精,树林子里的路可真难走,不一会儿,鸭子就迷路了,他站在黑森森的林子里,甚至连东西南北都分不清了。直到第二天,鸭子才在野鹅的帮助下,找到了小人精的家。不巧,大门紧锁,小人精出门去了。鸭子心里真是难过死了,欢迎仪式恐怕就要开始了,青蛙妈妈不见他,心里会怎么想呢?

"快看,这是什么?"野鹅指着天空叫道。

鸭子抬头一看,天哪!他看到他的魔毯飞在空中,上面趴着好几个影子。没等鸭子惊讶地叫出声来,魔毯已经开始向下降落,不一会儿就停在了他面前,从上面走下来好几只穿着翠绿色衣服的小青蛙。

"鸭子叔叔,谢谢你送给我们这么好的礼物,今天是我们一生中最快乐的一天。"一只小青蛙说。

另一只小青蛙接着说:"我们用您的魔毯搬家,只一次就把所有的家具什么的都搬到了新家。"

第三只小青蛙说:"这魔毯真神奇哎,我们一提起您的名字,它就直接飞到这儿来了。"

"啊!我想起来了!"鸭子一拍巴掌叫道,他想起几个月前青蛙刚做妈妈那阵,他就把魔毯送给了她。

当魔毯载着鸭子和小青蛙们飞到草地上空,欢迎仪式的气氛达到了高潮……

点拨台

讲完故事,要求孩子复述故事,把故事讲给小朋友听。

● **读读答答**

　　鸭子出发去找谁？在谁的帮助下，鸭子找到了小人精的家？鸭子见到小人精了吗？鸭子在空中看到了一幅怎样的情景？三只小青蛙分别怎么说？鸭子想起了什么？

● **练一练**

　　请用故事中红色的词造句。

● **填一填**

　　根据图意，请将"梳理、骄傲、希望、圆滚滚"填在下面适当的句子中。

　　1、小猫不停地吃啊吃，吃得肚子（　　　）。　　　　2、小猴真（　　　）自己能像小鸟一样飞起来。

　　3、爱漂亮的公鸡每天用嘴（　　　）羽毛。　　4、羚羊跑步得了第一，伙伴们真为他感到（　　　）。

● **语言推理**

　　杰克的旁边站着拿着罐子的女孩，但杰克并没有戴眼镜。你认为哪一个是杰克呢？请将他圈出来。

尖嘴鼠学飞（上）

尖嘴鼠躺在草地上，蝴蝶在他身边飞来飞去。

"飞的感觉一定不错！"尖嘴鼠想，跳起来往家跑。

"尖嘴鼠，你这么急急忙忙的，有什么事吗？"好朋友土拨鼠看见了问。

"我要让自己飞起来！"尖嘴鼠边跑边说。

"哈哈，这个尖嘴鼠，亏他想得出！"土拨鼠说，忍不住笑起来。

"可是不对，尖嘴鼠这样是要出事的。"土拨鼠想，"我得想办法制止他这种疯狂的念头。"

尖嘴鼠跑回家，一脚踢开门，他这里翻翻，那里找找，看到了门背后的花雨伞。

"嘻嘻，它能帮助我飞起来。"尖嘴鼠高兴地想，拿着伞冲到阳台上。

点拨台

为培养孩子的想像能力，可要求孩子续编故事，然后和这个故事的下半部分作一比较，看看哪个结尾更妙。

● 读读答答

尖嘴鼠躺在草地上,谁在他身边飞来飞去？尖嘴鼠是怎么想的？尖嘴鼠的好朋友是谁？尖嘴鼠跑回家,拿了花雨伞,准备干什么？

● 练一练

请用故事中红色的词造句。

● 填一填

根据图意,请将"嬉戏、钻、啃、刺"填在下面适当的句子中。

1、两只鹅在水面上（　　　）。

2、枯叶中（　　　）出了一条蜈蚣。

3、公鸡的脚被针（　　　）了一下。

4、小狗在桌子下（　　　）骨头。

● 语言推理

任性的宝贝又哭又闹,把香蕉、咖啡杯、玩具熊和水杯扔得到处乱飞,连小猫也吓得逃开了。下面哪一幅图较符合这样的场景？

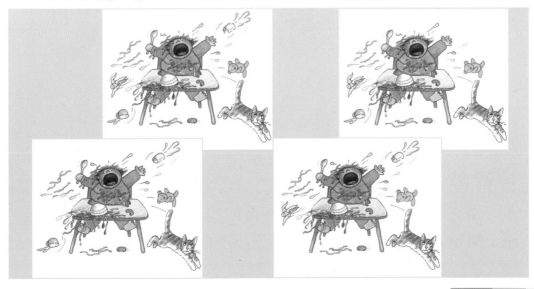

尖嘴鼠学飞（下）

尖嘴鼠撑开伞,爬上阳台的栏杆,却一眼看见土拨鼠站在楼下。

"走开,我要飞下来了。"尖嘴鼠叫道,作好了飞的准备。

楼下,土拨鼠急得团团转。

"哎呀,这可怎么办? 哦,对了! 让我试试这个办法。"他想,捂住肚子叫起来:"哎哟,我的肚子好疼,快帮帮我。"

尖嘴鼠一看,扔掉手中的伞,回头急急忙忙冲下楼梯……

可是不久,尖嘴鼠又想到了飞。"不行,我一定得飞一次。"他想,抱着床单往树林里跑。

这次,当尖嘴鼠身上披着床单、从高高的树上跳下来时,再也没有人看见他、制止他。结果,他摔断了他的两只脚,还得了脑震荡,差点送命。

"任何蛮干都是要不得的!"尖嘴鼠出院后,讲得最多的是这句话。

点拨台

讲完故事,可给孩子讲讲理想和幻想的区别。并让孩子找出这个故事的主题句:"任何蛮干都是要不得的。"

● **读读答答**

　　尖嘴鼠在阳台上看见谁站在楼下？土拨鼠想了一个什么好办法，制止了尖嘴鼠从阳台上跳下来？这件事后，尖嘴鼠有没有放弃学飞的念头？结果怎么样？

● **练一练**

　　请用故事中红色的词造句。

● **变戏法**

　　一变二，请拆分下面的字。

　　辆——（　　）——（　　）
　　棒——（　　）——（　　）
　　蝈——（　　）——（　　）
　　呼——（　　）——（　　）

● **语言推理**

　　熊猫的家比小猴家宽敞，却又比狐狸的小，那么到底谁的家最大呢？请将它圈出来。

　　浣熊的车开得比小猴快，而小兔又比浣熊开得快，那么到底谁开得最快呢？请将它圈出来。

爱恶作剧的狐狸（上）

　　有只狐狸，爱恶作剧，到处惹事生非。

　　一天，狐狸路过胖猪家，神秘兮兮地对胖猪说："猪大哥，我听见矮脚狗在背后说你坏话呢。"

　　"说我什么？"胖猪立即警觉地问。

　　"说你长得胖，一看就知道是一只蠢猪。"狐狸说，故意压低了嗓音。

　　胖猪一听，气得火往头上冒，他"腾腾腾"地一口气跑到矮脚狗家，抓住矮脚狗就打。

　　"你为什么打我？"矮脚狗边躲边问。

　　"谁叫你在背后骂我！"胖猪粗声粗气地说，嘴里呼呼喘着气。

　　矮脚狗听了，也火了，心想：哪个骂你了，竟然诬陷人！

　　两个就这样开始对打起来。

点拨台

　　结合故事，可给孩子讲讲恶作剧的害处，教育孩子要与人为善。

● **读读答答**

谁爱恶作剧？狐狸路过胖猪家，怎样对胖猪说？胖猪听了怎么样？胖猪跑到矮脚狗家去干什么？

● **练一练**

请用故事中红色的词造句。

● **变戏法**

一变二，请拆分下面的字。

鹅——（　）——（　）　　　领——（　）——（　）

姑——（　）——（　）　　　姐——（　）——（　）

● **语言推理**

姐姐比我起得早，我比妈妈起得早，而奶奶比我起得早，比姐姐起得晚，请将起得最早的人圈出来。

系红头巾的比系蓝头巾的跑得快，系蓝头巾的比系黄头巾的跑得快，而系绿头巾的比系黄头巾的跑得快却比系蓝头巾的跑得慢，请将跑得最快的圈出来。

爱恶作剧的狐狸（下）

这时候,狐狸偷偷地躲在一旁看热闹,他幸灾乐祸地想:嘻嘻,这下可有好戏看了!

结果呢,胖猪和矮脚狗打得两败俱伤,躺在地上半天爬不起来。

几天后,狐狸又想恶作剧了,他远远地看见矮脚狗在河边走,立刻跑上去,说:"矮脚狗先生,告诉你一件事,我听见长脚公鸡在背后说你坏话呢。他说你天生两只矮脚,走起路来比乌龟还慢。"

矮脚狗听了,气呼呼地去找长脚公鸡。走着走着,矮脚狗突然想:那天胖猪来打我,也说我在背后骂他,其实哪个骂他了! 对了,会不会是狐狸在搞鬼?

结果,狐狸的诡计被戳穿了,胖猪、矮脚狗、长脚鸡他们联合起来,狠狠地惩罚了狐狸。

点拨台

要求孩子复述故事,以此培养孩子的语言表达能力。

● **读读答答**

"幸灾乐祸"是什么意思？几天后，狐狸又是怎样恶作剧的？他怎么对矮脚狗说？矮脚狗相信了狐狸的话吗？

● **练一练**

请用故事中红色的词造句。

● **考考你**

请根据故事内容，改正下面句子中的错误。

1、胖猪和矮脚狗打起来，结果胖猪赢了。

2、矮脚狗听了狐狸挑拨的话，非常生气，找上门去，打了长脚公鸡一顿。

● **词语接龙**

马虎——（　　　）——（　　　）——（　　　）

神气——（　　　）——（　　　）——（　　　）

当心——（　　　）——（　　　）——（　　　）

突然——（　　　）——（　　　）——（　　　）

● **语言推理**

小狗比小猫重，而小袋鼠又比小狗重，那么到底谁最重呢？请将它圈出来。

匆忙狗贝克（上）

有只名叫贝克的狗,性子很急,做什么事都匆匆忙忙,考虑不周到,因此,常常做一些傻事。

春天的一天早晨,匆忙狗匆匆忙忙从床上跳起来,嘴里不停地嚷嚷:"哎呀,快一点,快一点,要不就来不及啦!"

他浑身像着了火,风一样冲出门去。因为太着急,忘了穿外套,冲出门时又忘了关门。他一路慌慌张张、横冲直撞地跑到街上。

原来,他今天和朋友们约好,要一起去郊外游玩。等他心急火燎地跑到集合点,朋友们看到他什么也没带,问:"匆忙狗,你是不是忘了带旅行包?"

"啊？糟了!"匆忙狗一听,大叫一声,转身就往回跑。

等匆忙狗拿着旅行包一路急急忙忙地奔回来,奇怪的是,他怎么也找不到集合点了。原来,他稀里糊涂竟跑错了方向。

点拨台

结合故事,可让孩子讲讲做事考虑不周到、匆匆忙忙的害处。

● **读读答答**

　　贝克是一只怎样的狗？春天的一天早晨,贝克为什么匆匆忙忙往外跑？到了集合点,朋友们怎么说？等贝克跑回去拿了旅行包出来,他为什么找不到集合点了呢？

● **练一练**

　　请用故事中红色的词造句。

● **动词对对碰**

　　　吹　　骑　　采　　掘

　　（　　）地洞　　（　　）喇叭　　（　　）自行车　　（　　）葡萄

● **语言推理**

　　仔细观察图中的小朋友。小强是穿着黄色雨衣、拿着书包、还没穿雨鞋的男孩。你知道谁是小强吗？

匆忙狗贝克（下）

　　匆忙狗急得团团转，这时候有一辆巴士驶过他身旁，他想也没想，冲上去一把抓住门框，身子吊在了车上。售票员一眼看到他，急得拼命朝他挥手，叫他快下车。可是，匆忙狗不听，一心只想坐车到郊外去玩。没办法，售票员只好叫驾驶员紧急停车，驾驶员不知道发生了什么事，猛地一刹车，车子很剧烈地震动起来。匆忙狗呢，被甩了出去，重重地掉在路边，昏了过去……

　　几天后，匆忙狗在医院的病床上醒来，才知道朋友们那天见不到他，几乎等了他整整一天，谁也没去成郊外。那辆巴士呢，根本不是往郊外开。这不算，他自己还差点送了命，唉！

点拨台

　　为培养孩子的语言表达能力，可要求孩子复述故事。

● 读读答答

匆忙狗急得怎么样？一辆巴士驶过他身旁，他怎么做？他一心想去哪里？售票员没办法，只好怎么做？结果怎么样？

● 练一练

请用故事中红色的词造句。

● 形容词对对碰

黑乎乎的　　　广阔的　　　蔚蓝的　小巧的

（　　　）铅笔盒
（　　　）大海
（　　　）田野
（　　　）山洞

● 解读能力

将左右两边可形成正确意义的词用线连起来。

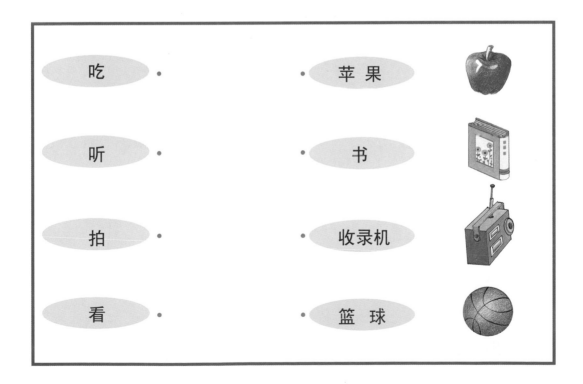

门上的"画"（上）

胖胖熊坐在家门口伤心地哭，汪汪狗听见了，跑过来关心地问："你哭什么呀？"

胖胖熊抹抹眼泪说："小偷前天偷走了我的电子琴，昨天偷走了我的图书，今天偷走了我心爱的洋娃娃，不知道明天他还要偷什么。"

"哈哈，看来小偷盯上你了。"汪汪狗笑着说。

"还是好朋友呢，人家正伤心，你却幸灾乐祸。"胖胖熊生气地说。

其实，汪汪狗心里早在琢磨，要想办法抓住可恶的小偷呢。他想：否则，不仅胖胖熊遭难，说不定整个村子都不会安宁呢。

汪汪狗想啊想，想出了好主意，他对胖胖熊如此这般一说，胖胖熊笑了，说："这个办法行，到时我一定会配合你。"

点拨台

为培养孩子丰富的想像能力，可要求孩子续编故事，猜测汪汪狗想出的是什么好主意。

● 读读答答

　　谁坐在家门口伤心地哭？为什么？小偷偷走了胖胖熊什么东西？汪汪狗是怎么跟胖胖熊开玩笑的？其实汪汪狗心里是怎么想的？

● 练一练

　　请用故事中红色的词造句。

● 变戏法

　　一变二，请拆分下面的字。

赶——（　）——（　）　　　朝——（　）——（　）

脚——（　）——（　）　　　螺——（　）——（　）

● 猜谜语

小小一本书，
一天看一面，
看完这本书，
大家过新年。

谜底：日历。

● 语言训练

　　仔细看图后回答问题。

　　请说出 3 个词来形容火燃烧的样子。

　　请说出 3 个词来形容"笑"的表情。

门上的"画"（下）

夜幕一降临，两个朋友一起动手把一张大大的双面粘贴纸贴在门上，然后，汪汪狗伸展四肢紧贴在纸上。这样，看起来门上就像是贴了一幅画。

"汪汪狗，暂时委屈你了，抓住了小偷，我会好好感谢你的。"胖胖熊说。

"哎，别那样说，"汪汪狗说，"我这也是为大家，为我自己。"

半夜过后，一头鬼鬼祟祟的狐狸向胖胖熊家走来。他几次上胖熊熊家偷东西，都没有事，今晚想再来试试运气。这时，他一眼看见了门上的"画"，忍不住伸出爪子去揭。说时

迟，那时快，汪汪狗张嘴一口咬住了狐狸的爪子。屋里的胖胖熊听见了，也赶快冲出来，狠狠地摁住了狐狸。

"多亏了汪汪狗，否则，我们全村都不会安宁呢。"第二天，村里的动物居民们见了面都说。

点拨台

这个故事告诉孩子：要用计策对付坏蛋，这样既能抓获坏蛋，又能保全自己。

● 读读答答

汪汪狗和胖胖熊为什么要在门上贴粘贴纸？门上的"画"，指的是一张怎样的画呢？半夜过后，谁鬼鬼祟祟地向胖胖熊家走来？小偷看见门上的"画"，是怎么做的？结果怎么样？

● 练一练

请用故事中红色的词造句。

● 故事理解

汪汪狗用什么计策抓住了小偷？请从下面三句话中，选择一个正确答案。

1、汪汪狗和胖胖熊躲在门背后，小偷来了，一起抓住了小偷。

2、汪汪狗把自己粘贴在门上，装作是一幅画。

3、汪汪狗报警，让警察来抓住了小偷。　　　　　　　　（　　）

● 解读能力

先默念①~④的句子，找出与事实相符的图。然后，一边用手指出来，一边大声地念出句子。

①有5只气球，每只气球的颜色都不同。　　②壁炉上挂了3只袜子，红的、绿的、蓝的。

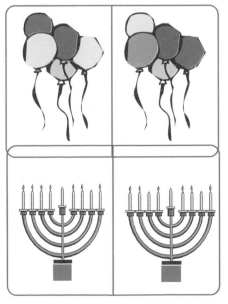

③烛台上有9支蜡烛，其中有3支灭了。　　④共有5颗心，其中有2颗心的颜色一样。

一箱冰激凌（上）

星期天，妈妈狗去乡下看望外婆狗，家里只留下汪汪狗一个人。"一个人在家真好！"汪汪狗说，高兴得在沙发上翻跟头。

"汪汪狗，你为什么这么高兴啊？有什么好玩的事吗？"大眼睛猫跑过来问。

"今天我爱干什么，就干什么！"汪汪狗说，"来吧，我们一起玩。"

大眼睛猫立即从窗子里跳了进来，他们大声叫着，在房间里疯跑了一阵，在地板上翻了几个跟头，又跳上桌子唱了一会歌。

"现在我们来吃东西吧！"汪汪狗说，带头冲到了冰箱前。

冰箱里有整整一箱冰激凌呢。"哇，太好了！我最爱吃冰激凌了。"大眼睛猫叫道，兴奋得手舞足蹈。

他们大口大口地吃起冰激凌来，吃完了一根接着吃第二根，眼看着一箱冰激凌快给他们吃完了。

点拨台

这个故事告诉孩子：吃东西要有节制，好吃的东西也不能一下子吃得太多。

● **读读答答**

　　星期天，妈妈狗去了哪里？汪汪狗高兴得怎么样？谁跑来了？汪汪狗和大眼睛猫玩什么？然后，它们吃起什么东西来？

● **练一练**

　★ 请用故事中红色的词造句。
　★ 请选出适当的词，替换下面句子中蓝色的词。

　擦　浪费　刹那间　怪

1、小红嫌妈妈给她买的新裙子太大了。

2、小鸭转眼间跳进了水里。

3、老师关照小朋友不要糟蹋粮食。

4、吃完饭，小猫用爪子抹嘴巴。

● **变戏法**

　　一变二，请拆分下面的字。

　新——（　）——（　）　　积——（　）——（　）　　就——（　）——（　）
　靴——（　）——（　）　　香——（　）——（　）

● **猜猜看**

小公鸡，
不会叫，
飞上脚背，
跳几跳。

谜底：毽子。

一箱冰激凌（下）

突然，汪汪狗弯下腰，捂住肚子叫起疼来："哎哟！哎哟！"大眼睛猫刚来得及问声"你怎么啦"，自己也捂住肚子在地上打起滚来。

原来，他们都吃得太多啦！

"快、快去叫人，我、我快、快痛死了！"汪汪狗结结巴巴地说。可是，大眼睛猫比他好不了多少，不！甚至比他更糟！只见他头一歪，痛昏了过去。

这、这可怎么办？汪汪狗心里好后悔啊！他张嘴想大声叫喊，却发不出一点儿声音；他艰难地移动身子，一点点靠近了门。"砰！砰！砰！"他拼尽全力一下一下地敲响了门，住在隔壁的羊大叔听见了，赶紧跑出来……

两个贪吃的伙伴在医院里住了三天才被允许回家，据说后来，他们一看见冰激凌就浑身颤抖呢！

点拨台

为培养孩子的语言表达能力，要求孩子复述故事。

● 读读答答

汪汪狗和大眼睛猫捂着肚子叫起疼来,是因为什么? 汪汪狗感到后悔了吗? 它是怎么自救的? 谁帮助了汪汪狗和大眼睛猫?

● 练一练

请用故事中红色的词造句。

● 词语接龙

表演——( )——( )——( )

决心——( )——( )——( )

舞台——( )——( )——( )

老师——( )——( )——( )

● 文图配对

下面三条文字,分别应该配哪幅图呢?

①蚊子咬得狮子大王生气极了,就怒吼着朝蚊子扑过去,结果扑了个空。

②狮子大王怎么也抓不住蚊子,只好逃跑了。

③蚊子对狮子大王说:"我不怕你!"狮子大王根本没把蚊子放在眼里

睡了一百年的巫婆（上）

有个睡了一百年的巫婆，有一天突然醒了。当巫婆得知整个树林里魔法猪最受到大家尊敬时，"哈哈哈——"，在发出一阵恐怖的笑声后，她一口气冲到了魔法猪家。

屋子里，魔法猪正在美美地享用他的早餐。"哼，让你变成一头贪吃的猪！"巫婆气呼呼地想，举起了手中的魔棒。

不知不觉中，魔法猪变了，他什么也不干，只是不停地吃、吃。"唉，真不知道为什么，魔法猪竟变成了这个样子。"朋友们见了，担忧地想。"不行，我们得想办法帮助他。"大嘴巴河马说，"也许他中了什么魔法。"朋友们立刻动手，在魔法猪家找到了一本魔法书。在"解除魔法"这一章，心急的哈巴狗急急忙忙念了一条魔语。谁知，魔法没有解除，魔法猪反而变得更加"可怕"了，他张大嘴朝朋友们冲来，叫喊着："别走，让我尝尝你们的味道。"

点拨台

在给孩子讲下半个故事前，让孩子想像故事接下去的发展情景。

● **读读答答**

　　老巫婆得知魔法猪受到大家的尊敬,为什么感到不高兴?老巫婆把魔法猪变成了什么?魔法猪的朋友们知道了,准备要干什么?谁急急忙忙念错了魔语?结果怎么样?

● **练一练**

　　请用故事中红色的词造句。

● **故事理解**

　　睡了一百年的巫婆为什么要把魔法猪变成一头贪吃的猪呢?请从下面三句话中,选择一个正确答案。

　　1、因为她嫉妒魔法猪。
　　2、因为魔法猪是她的仇敌。
　　3、因为魔法猪不喜欢她。　　　　　　　　　　　(　)

● **变戏法**

　　一变二,请拆分下面的字。

　　　　鸭——(　)——(　)
　　　　恶——(　)——(　)
　　　　袋——(　)——(　)
　　　　歌——(　)——(　)

● **猜猜看**

　　　一个西瓜,
　　　十人抢它,
　　　抢到了手,
　　　又扔了它。

谜底:篮球。

睡了一百年的巫婆（下）

朋友们伤心地逃走了。不过很快，他们又悄悄地回来了。"试试用他的五彩魔手帕。"猫儿西蒙说。意外的事发生了，只见魔法猪的身体慢慢地膨胀起来，变高变大。哎呀！他大得超过了熊，超过了大象，最后，他顶破屋子，头碰到了高高的树顶。

"唉！真没想到事情会变得这样。"朋友们慌慌张张地藏到地窖里，真不知道该怎么办才好。

再说在树林的另一边，巫婆一回头看见一只巨型猪正向着自己走来，吓得"妈呀"叫一声，骑上扫帚，没命般逃走了。

巫婆逃走了，她的魔法自然也失效了。魔法猪又变回了从前的样子，和大家快乐地生活在一起。

点拨台

讲完故事，要求孩子复述故事。

● **读读答答**

猫儿西蒙说什么？发生了什么意外的事？朋友们藏到了哪里？巫婆见了变成巨型猪的"魔法猪"，吓得怎么样？结果呢？

● **练一练**

请用故事中红色的词造句。

● **考考你**

请根据故事内容，改正下面句子中的错误。

1、睡了一百年的巫婆有一天突然醒了。

2、巫婆把魔法猪变成了一头贪睡的猪。

3、朋友们用"五彩袜子"把魔法猪变成了一只微型猪。

填一填

根据图意，请将"自言自语、假装、小心地、愿意"填在下面适当的句子中。

1、小女孩说："小猫，你（　　　）跟我回家吗？"

2、小老鼠（　　　）躲开小猫。

3、长颈鹿望着天上的白云（　　　　　）。

4、小松鼠（　　　）喝醉了酒。

小闹钟（上）

河边草地上，癞蛤蟆舒舒服服地躺着。青蛙匆匆忙忙跑过。

"青蛙，你干什么去？过来和我一起躺一会儿。"癞蛤蟆叫道，"看，阳光多好啊！"

"不了，我要去买一只小闹钟，送给我的一位朋友。"青蛙说，一点也不停下脚步。

"等等！"癞蛤蟆坐起来问，"你这位幸运的朋友是谁呀？"可是，青蛙已经跑远了。

晚上，癞蛤蟆正在吃晚饭，青蛙走了进来。

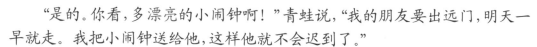

"你好！癞蛤蟆。"

"你好！青蛙。"

"你的事办完了吗？"癞蛤蟆问。

"是的。你看，多漂亮的小闹钟啊！"青蛙说，"我的朋友要出远门，明天一早就走。我把小闹钟送给他，这样他就不会迟到了。"

"做你的朋友多好啊！"癞蛤蟆说，"巧的是，明天我也要出远门呢。"

"我要把小闹钟送给他的那位朋友就是你啊！"青蛙说，把小闹钟放到癞蛤蟆手里。

"啊？！我真是太高兴了。"癞蛤蟆激动地说。

"它会很早叫醒你，让你不迟到。"青蛙说。

"真的？它会叫'癞蛤蟆，快起床，要不就迟到了'，是这样吗？"

"不，它不会这样叫的。你瞧，这儿有个小箭头，咱们把它拨到6点。好，到了6点钟，它就会大声叫唤：丁零零……"

点拨台

可结合故事，给孩子讲讲有关小闹钟的知识，并教会孩子正确认识时钟。

● 读读答答

癞蛤蟆舒舒服服地躺在哪里？谁匆匆忙忙地跑过？他要去干什么？晚上，谁来到了癞蛤蟆家？青蛙买小闹钟的目的是什么？他要把小闹钟送给谁？

● 练一练

请用故事中红色的词造句。

● 故事理解

青蛙为什么买小闹钟呢？请从下面三句话中，选择一个正确答案。

1、青蛙买小闹钟，是因为他第二天要出远门。
2、青蛙买小闹钟，是因为癞蛤蟆要出远门。
3、青蛙买小闹钟，是因为小青蛙要出远门。　　　　　　（　　）

● 反义词对对碰

请找出下面句子中蓝色词的反义词。

薄　瘦　重　小　高

1、小鸡轻轻地走路。

2、胖胖的河马将身子泡在水里。

3、小男孩穿着厚厚的羊毛衫在雪地上跑。

4、他惊讶地瞪大了眼睛。

5、河边长着一排矮树。

小闹钟（下）

　　青蛙告别走了，癞蛤蟆爬上床，把小闹钟放在床前小凳上，躺下来。慢慢地，他睡着了。

　　第二天早上，癞蛤蟆醒来，看看小闹钟。"奇怪，我没听见铃声啊！对了，一定是我醒得太早了，我再睡一会儿。"

　　癞蛤蟆闭上眼睛接着睡，可是翻来翻去睡不着。"过一会儿闹钟就该响了吧？"他想。

　　阳光照到癞蛤蟆的床上，癞蛤蟆坐起身子看了看窗外。这时候青蛙走来，他看见癞蛤蟆还坐在床上，惊讶地说："癞蛤蟆，我来看看你有没有把门窗关好，你怎么还没走？已经快8点钟了！"

　　癞蛤蟆一下从床上跳起来，叫道："哎呀！8点钟了？小闹钟忘了叫醒我了。"

　　青蛙急急忙忙冲进屋，拿起小闹钟，仔细看了看，小声说："对不起！癞蛤蟆，是我忘了，我忘了给小闹钟装上电池了。"

点拨台

　　讲完故事，要求孩子复述故事。

● **读读答答**

　　癞蛤蟆爬上床，把小闹钟放在哪里？第二天，癞蛤蟆是自己醒来的，还是小闹钟叫醒了他？癞蛤蟆为什么觉得奇怪？青蛙走来，看见癞蛤蟆还坐在床上，他是怎么说的？小闹钟不响的原因是什么呢？

● **练一练**

　　★ 请用故事中红色的词造句。
　　★ 请选出适当的词，替换下面句子中蓝色的词。

　　　认认真真　　着急地　　快活　　飞快地　　思考

小猪在泥塘里痛痛快快

狼咆哮着追赶小鹿。

小喜鹊一心一意练唱歌。

小猫好心地告诉蝴蝶，天快要下雨了。

小乌龟坐在一块石头上考虑问题。

● **词语接龙**

寻找——（　　）——（　　）——（　　）

惊喜——（　　）——（　　）——（　　）

感激——（　　）——（　　）——（　　）

旋转——（　　）——（　　）——（　　）

整条街最胖的妈妈（上）

两只小猪不远不近地跟着爸爸、妈妈在街上散步。

猪妈妈骄傲地挺着大肚子，和猪爸爸手挽着手在街上一起走。

"猪太太，恭喜你啊！"迎面走过来的鸡妈妈说。"恭喜你，猪太太！"鸭妈妈迎面走过来说。第十个走过来的是鹅妈妈，还没等她开口呢，猪妈妈就已经笑着说："谢谢您啦！"

猪妈妈不知道，猪爸爸也不知道，他们的两个宝贝——两只小猪，这会儿正躲在围墙后面悄悄议论呢：

"真糟糕！我们的妈妈成了整条街最胖的妈妈。"

晚上，两只小猪透过门缝看到：妈妈睡了大半个床！爸爸只睡了床边一点点的地方。

"爸爸真可怜，他快要没地方睡了。""爸爸夜里会掉到地上的。"

第二天，两只小猪手拉着手向城里走去。他们决定要买一件礼物送给爸爸。

到了城里，他们走进一家家具商店，对营业员说："我们要买一张世界上最大的床。"

世界上最大的床运了回来。世界上最大的床从卡车上卸了下来。可是，不对呀！它看起来起码要比小猪家的房子大上整整100倍！

"唉，这件礼物看起来不太合适！"

世界上最大的床只好成了足球场，两只小猪在上面喊啊、跑啊、踢啊，暂时忘了自己的苦恼。

午饭时间到了。妈妈在屋子里探出半个头喊："宝贝，快来吃饭！"

呀！香喷喷的饭菜真是馋人啊。可是，为什么那么多菜都放在妈妈的面前？

"我知道妈妈胖的原因了！"一只小猪神秘兮兮地对另一只说。

"对，我也看出来了，那是因为妈妈吃得太多了！"

下午，两只小猪想来想去，决定帮妈妈减肥。他们打开冰箱，打开抽屉，打开橱门，把一切吃的东西统统藏了起来。

点拨台

为培养孩子的想像能力和语言表达能力，要求孩子续编故事，并和故事的下半部分作比较。

● **读读答答**

　　猪妈妈和猪爸爸在街上散步,第十个向猪妈妈问候的是谁?猪妈妈和猪爸爸有几只小猪?他们担心什么?晚上,两只小猪透过门缝看到了什么?第二天,两只小猪上城里去干什么?

● **练一练**

　　请用故事中红色的词造句。

● **排时间顺序**

　　请按故事发生的时间先后,在括号里写上 1、2、3 的序号。

两只小猪在家里把吃的东西统统藏了起来。(　　)

两只小猪去城里买了一张大床。(　　)

猪妈妈和猪爸爸在街上散步,两只小猪悄悄地跟在后面。(　　)

● **同义词对对碰**

　　请找出下面句子中蓝色词的同义词。

兴奋　　亲密　　惊讶　　漂亮　　快速　　神奇

这座古老的房子看上去神秘极了。

小猫对瓢虫身上美丽的花纹赞叹不已。

小鸡惊奇地看见一颗流星划过天际。

小熊亲热地挽着妈妈的手臂。

小老鼠穿上新靴子,高兴极了。

小鹿迅速地跑到了终点。

整条街最胖的妈妈（下）

叮咚！门铃响了。

打开门一看，原来是爸爸！只见爸爸推着一辆手推车站在门口，手推车上高高地堆着各种食物。

"这些全是给你们的妈妈买的，你们可别嘴馋哦。"爸爸说。

"唉，真搞不懂爸爸是怎么想的！我将来一定不要和像妈妈那样的太太结婚。"一只小猪说。

"一定是爸爸搞错了，以为胖的才好看。"另一只小猪说。

两只小猪赶快行动，跑去请来了苗条的猪阿姨。

"爸爸，你看，猪阿姨漂亮不漂亮？"

"唔，漂亮——"

猪阿姨走了，两只小猪挤眉弄眼对爸爸说："要是我们的妈妈像猪阿姨那样漂亮就好了。"

"哈哈——等你们的妈妈生下了小宝宝，就会变得跟以前一样了。"

"什么哇？！哪里来的小宝宝？"

"是我的小宝宝，是妈妈的小宝宝，也是你们的小宝宝。"

两只小猪知道妈妈胖的原因了！

"除了爸爸，现在，整条街只有我们两个知道妈妈为什么这么胖了。"

"让我高兴的是，等小宝宝睡醒了跑出来，妈妈又会变得像以前那么好看。"

点拨台

结合故事，可给孩子讲讲关于怀孕的知识。

● **读读答答**

　　猪爸爸给谁买回来一手推车食物？他是怎么说的？两只小猪怎么想？他们为什么要去请来苗条的猪阿姨？猪爸爸怎么说？猪妈妈胖的原因到底是什么呢？

● **练一练**

　　请用故事中红色的词造句。

● **考考你**

　　请根据故事内容，改正下面句子中的错误。

1、猪爸爸给两只小猪买回来好多好吃的东西。

2、猪妈妈胖的原因是：她非常贪吃。

3、两只小猪请来苗条的猪阿姨，是想让妈妈知道胖不好看。

● **动词填空**

　　请选择合适的动词，填写在下面句子的括号里。

　　按　　长　　盖　　枕　　放

巨人头（　　）在山梁
上睡觉。

章鱼（　　）着许多
只触手。

顽皮的军军把小猫
（　　）在水里。

生病的小猴，身上（　　）着
厚厚的被子。

蟋蟀把小提琴（　　）回
琴盒里。

会飞的马儿

有匹马儿名叫奔奔,奔奔是头好心的马儿。一天,奔奔要去城里,他跑过斑马大叔家,斑马大叔说:"奔奔,帮我在城里买顶新帽子吧!"奔奔打个响鼻,说:"好的!好的!"

奔奔跑过花鹿姐姐家,花鹿姐姐说:"奔奔,帮我在城里买条新围巾吧!"奔奔蹬蹬蹄子,说:"好的!好的!"

奔奔跑过小不点奶奶家,看见小不点奶奶的花被子破了,奔奔说:"小不点奶奶,我替你在城里买条新被子回来吧!"小不点奶奶高兴地说:"太好了!谢谢你。"

奔奔飞快地跑到城里,在百货大楼的一楼买了斑马大叔要的新帽子、花鹿姐姐要的新围巾,又坐电梯到二楼,给小不点奶奶挑了条最最漂亮的花被子。

奔奔驮着大包小包走在了回家的路上,他怕背上的东西掉下来,所以走得很慢很慢。可是,这样小心翼翼地走可真累呀!天上的小仙女看见了,说:"奔奔是头好心的马儿,让我来帮助他!"说着,小仙女闭上眼睛念了一条魔语。啊!只见奔奔稳稳地飞了起来,他飞过树梢,飞过小河,飞过绿草地,一直向着回家的路飞去……

点拨台

这个故事告诉孩子:帮助别人,能使自己感到快乐。

● 读读答答

　　一天,奔奔要去哪里?他跑过斑马大叔家,斑马大叔怎么说?奔奔跑过花鹿姐姐家,花鹿姐姐怎么说?跑过小不点奶奶家,奔奔怎么说?奔奔从城里回来的路上,谁帮助他飞了起来?

● 练一练

　　请用故事中红色的词造句。

● 排时间顺序

　　请按故事发生的时间先后,在括号里写上 1、2、3 的序号。

　　奔奔在百货大楼的二楼,给小不点奶奶买了新被子。(　)

　　奔奔在百货大楼的一楼,给斑马大叔买了新帽子,给花鹿姐姐买了新围巾。(　)

　　奔奔飞过树梢,飞过小河,飞过绿草地,一直向回家的路飞去。(　)

● 续写句子

　　根据图意,展开合理的想像,把句子说具体,说生动。

一天,一只地球老鼠遇见了一只火星老鼠,＿＿＿＿＿＿＿

小仙女种下了一颗天蓝色的种子,＿＿＿＿＿＿＿

小狐狸摇身一变,变成了一个小男孩,＿＿＿＿＿＿＿

大狼立功（上）

大狼是个冒冒失失的家伙，走路踢翻了山羊奶奶的瓦罐儿，说话吓哭了睡在摇篮里的猫宝宝，吃饭的时候呢，一个喷嚏把饭粒全喷在了客人的脸上。妈妈狼好生气，指着大狼说："你走吧，最好睡到垃圾箱里去，我再也不想要你这个儿子啦！"看到妈妈生气，大狼心里真难受，他想：为了让妈妈少生点气，我就只好睡到垃圾箱里去啦。

你说巧不巧？垃圾箱里藏着个小偷呢！小偷看到大狼走来，吓坏啦，跳起来没命地逃。"这是怎么回事？"大狼奇怪极了，"竟也有人睡在垃圾箱里。""哈哈，我知道了！他一定是和我一样做错了事，被妈妈赶出来啦。"大狼哈哈笑着说，甩开膀子去追小偷。"等等！我们最好谈谈。"大狼一边跑一边大声喊道。

点拨台

要求孩子续编故事，并和故事的下半部分作比较。

● 读读答答

这是一头怎样的大狼？妈妈狼怎么对大狼说？大狼怎么想？大狼在垃圾箱里遇见了谁？大狼为什么去追小偷？

● 练一练

请用故事中红色的词造句。

● 考考你

请根据故事内容，改正下面句子中的错误。

1、这是一头不讲卫生的大狼。

2、妈妈狼生气，大狼很高兴。

3、大狼在垃圾箱里遇见了一个巫婆。

● 看图编故事

请把下面的几段话排列成一篇完整的小故事，在括号里写上序号。

它搬起一个又大又圆的南瓜。南瓜太重了，没走上几步，小白兔就累得直喘气。它只好放下南瓜，歇一会儿。（　）

秋天，小白兔种的南瓜成熟了，小白兔要把南瓜搬回家去。（　）

小白兔一试，果然省力多了。小白兔就这样把大南瓜搬回了家。（　）

正在这时候，熊猫骑着自行车从小白兔面前经过，小白兔两眼盯着自行车那转动的轮子，又看看自己的大南瓜，想：这个大南瓜不也像自行车的轮子吗？把南瓜竖起来，像轮子一样在地上滚，不就省力了吗？（　）

大狼立功（下）

　　小偷在前面逃，大狼在后面追，一路上，撞倒了行人，撞翻了货架，一整条马路全乱套啦！警察被惊动了，他们从四面八方跑来，大声吹起哨子，命令他们停下来。"真见鬼！"小偷腿一软，瘫坐在地上再也跑不动啦！大狼也害怕了，他紧紧抱住头，心想：哎呀，又闯祸了，这下又要遭妈妈骂啦！

　　妈妈狼没有骂大狼，因为大狼立下大功劳啦！警察把大狼送回家来的时候，对妈妈狼说："你家大狼立了功啦！帮我们抓住了小偷。""什么——"妈妈狼激动得话也说不出来，这还是第一次有人夸奖大狼呢。

　　警察送给大狼一些奖品，大狼把奖品分给山羊奶奶、猫宝宝，还有在他家吃过饭的客人。"这表示我向他们道歉！"大狼说。

　　之后呢，大狼再也不是以前那个冒冒失失的家伙了，你看他走路、说话、吃饭那个小心翼翼的样子就全知道啦！"这是我的好孩子大狼！"妈妈狼向别人介绍大狼时，第一句话总是这样说。

点拨台

　　这个故事告诉孩子：改正了缺点，就是好孩子。

● **读读答答**

　　小偷在前面逃，大狼在后面追，马路上的情景变得怎么样？谁从四面八方跑来了？小偷吓得怎么样？大狼是怎么想的？警察把大狼送回家来的时候，是怎么对妈妈狼说的？妈妈狼为什么激动得话也说不出来？

● **练一练**

　　请用故事中红色的词造句。

● **词语接龙**

读书——（　　　）——（　　　）——（　　　）

饱满——（　　　）——（　　　）——（　　　）

苹果——（　　　）——（　　　）——（　　　）

生活——（　　　）——（　　　）——（　　　）

● **给故事编序号**

　　请把下面的几段话排列成一篇完整的小故事，在括号里写上序号。

小白兔最后来到树林里，这时候天下起了雨，小白兔连忙撑开了小花伞，招呼大家一起来躲雨。（　　）

小白兔来到蘑菇地里，看见一只大灰狼向它扑来，小白兔连忙撑开小花伞。大灰狼见小白兔不见了，只好转身跑了。（　　）

一天，小白兔带着一把小花伞，高高兴兴地出去玩。（　　）

小白兔接着来到果园里，看见小熊摘不到苹果，就把小花伞借给了小熊。小熊用小花伞柄钩下了苹果。（　　）

喷嚏小妖（上）

有个小妖，打起喷嚏来没完没了，别人因此都叫他喷嚏小妖。

喷嚏小妖上街去，"阿嚏！"一个喷嚏打飞了鸡身上的羽毛。"阿嚏！"又一个喷嚏吹走了小仙女头上的丝巾。"阿嚏！阿嚏！阿嚏"，接二连三的喷嚏震落了魔术师的帽子，吹掉了小姑娘头上的发夹，吹飞了老奶奶晒的衣服。

大家好生气，说："喷嚏小妖乱打喷嚏，真该好好教训教训他！"

鸡跟着魔术师，小仙女跟着鸡，小姑娘跟着小仙女，老奶奶跟着小姑娘，大家一起吵吵嚷嚷地向喷嚏小妖的家走去。

到了喷嚏小妖的家。哎呀，喷嚏小妖的家可真乱，袜子飞在窗台上，杯子滚落在床底下，椅子倒在地上，毛巾飞在灯架上……喷嚏小妖呢，正在屋子里忙得团团转呢。他刚捡回了袜子，"阿嚏"，手帕飞走了；他刚扶起了椅子，"阿嚏"，扫帚倒了下来；他刚捡回了杯子，"阿嚏"，废纸篓里的废纸全飞了起来。"真该死！真该死！"喷嚏小妖说，一屁股坐倒在地上，手捂住脸伤心得痛哭起来。

点拨台

让孩子展开充分的想像，想像故事接下去会怎么发展。

● 读读答答

喷嚏小妖上街去,一个喷嚏打飞了谁身上的羽毛?又一个喷嚏吹走了谁头上的丝巾?他还惹下了哪些祸?大家来到喷嚏小妖的家,看到了怎样的一幅情景?

● 练一练

请用故事中红色的词造句。

● 根据故事内容填空

哎呀,喷嚏小妖的家可真乱,袜子( )在窗台上,杯子( )在床底下,椅子( )在地上,毛巾( )在灯架上……喷嚏小妖呢,正在屋子里忙得( )呢。他刚( )回了袜子,"阿嚏",手帕( )走了;他刚( )起了椅子,"阿嚏",扫帚( )了下来;他刚( )回了杯子,"阿嚏",废纸篓里的废纸全( )了起来。

● 给故事编号

把下面的几段话排列成一篇完整的小故事,在括号里写上序号。

那边小路上,蹦蹦跳跳跑来了一只小白兔。小白兔一抬头,看见了天上的尖顶小房子。它奇怪地说:"咦,这不是我家的房子吗?哎呀,它怎么飞到天上去了?( )

"快回来!快回来!"小老鼠边喊边急急地追赶起天上的小房子来。( )

有朵白云,在天上快活地飘来飘去。看见树,它变成一棵树;看见小河,它变成一条小河。( )

山谷间有幢尖顶小房子,快乐的白云看见了,说:"多漂亮的小房子啊!"说完,它又摇身一变,变得和这小房子一模一样。( )

喷嚏小妖（下）

窗外的鸡、小仙女、老奶奶、小姑娘、魔术师不约而同地想："原来，喷嚏小妖并不是存心要打喷嚏的呀。他一定是得了一种奇怪的喷嚏病，真可怜！"

小仙女说："我知道怎么治疗这种喷嚏病。"

大家一起急急地问："快说，是什么办法？"

"我们大家一起来打喷嚏，打满一百个喷嚏，喷嚏小妖的喷嚏病就好了。"

"唧哩呱啦啊！"随着魔术师的一句魔语，小仙女、鸡、小姑娘、老奶奶，还有魔术师自己，大家一起张大嘴打起了喷嚏。"阿嚏！阿嚏！"很响很响的喷嚏声传得很远很远。"阿嚏！阿嚏"很响很响的喷嚏声惊动了城里的每一位居民。大家数啊数，一直数到第100下，喷嚏声才突然停住了。

从这天起，谁也没有再听见喷嚏小妖的喷嚏声，大家见了喷嚏小妖，再也不会乱哄哄地又叫又躲了。

点拨台

这个故事告诉孩子：对于别人的缺陷或毛病，要尽量谅解，还要设法帮助他（她）。

● 读读答答

大家看到喷嚏小妖家里的情景，是怎么想的？小仙女怎么说？大家是怎么打起喷嚏来的？结果怎么样？

● 练一练

请用故事中红色的词造句。

● 考考你

请根据故事内容，改正下面句子中的错误。

1、喷嚏小妖存心乱打喷嚏，让大家都不好过。

2、随着小仙女的一句魔语，大家一个个打起喷嚏来。

3、大家一起打喷嚏，打满一千个喷嚏，喷嚏小妖就不再打喷嚏了。

● 给故事编序号

请把下面几段话排列成一篇完整的小故事，在括号里写上序号。

这时候，小兔"啪哒啪哒"跑来了，小兔说："梦里你长了翅膀没有？"小狗不高兴地说："没有！我还来不及做梦呢。"（　　）

一天，小狗对小兔说："要是我有翅膀就好了，这样我就可以飞到天上去了。"小兔说："只有在梦里你才能长上翅膀。"（　　）

小狗闭上眼睛，可是翻来覆去睡不着，后来刚要睡着了，公鸡叫了，天亮了。（　　）

吃过晚饭，小狗早早就爬到床上去了。妈妈问："你今天为什么这么早睡觉呀？"小狗说："我要赶紧做个长翅膀的梦。"（　　）

小猫找汗

小猫看见人出汗,觉得很奇怪,说:"我怎么没有汗呢?"

小猫去问小牛,小牛说:"汗在鼻子上。"

小猫摸摸鼻子,没汗,它再去问小马,小马说:"汗在身上。"

小猫舔舔身子,没汗。它又去问小狗,小狗说:"汗在舌头上。"

小猫看不清自己的舌头,就请小猪看。小猪说:"你又不是狗,汗怎么会在舌头上?"小猪把自己的脚掌翻开,又叫小猫把脚掌翻开。小猫一看,笑着说:"原来我和小猪一样,汗藏在脚掌里。"

点拨台

这是一个知识故事,告诉孩子不同的动物,它们出汗的方式不一样。

● **读读答答**

小牛的汗出在哪里？小马的汗出在哪里？小狗的汗出在哪里？小猪和小猫的汗出在哪里？

● **练一练**

请用故事中红色的词造句。

● **考考你**

请根据故事内容，改正下面句子中的错误。

1、小猫和小牛一样，汗藏在脚掌里。

2、小狗的汗出在身上。

3、小猪的汗出在鼻子上。

● **给故事编序号**

请把下面几段话排列成一篇完整的小故事，在括号里写上序号。

老狼气呼呼地把风铃退给了狐狸。狐狸呢，只好把风铃还给了小山羊。（　）

小山羊把风铃挂在自己家门口，风儿吹来，风铃"丁零丁零"唱起来："小山羊帮助别人，真是好样的！"（　）

狐狸气死了，它把风铃卖给了老狼。老狼把风铃挂在自己家门口，风儿吹来，风铃"丁零丁零"唱起来："老狼买小偷的东西，不光彩！"（　）

狐狸听到了，把风铃偷去挂在自己家门口，风儿吹来，风铃"丁零丁零"唱起来："狐狸偷东西，是个大坏蛋！"（　）

图书在版编目（ＣＩＰ）数据

新世纪聪明宝宝成长宝典.2,亲子故事天天讲/虹月编.
—上海：上海人民美术出版社,2003.3
ISBN 7-5322-3432-0

Ⅰ.新... Ⅱ.虹... Ⅲ.故事课—学前教育—教学参考资料 Ⅳ.G613

中国版本图书馆 CIP 数据核字（2003）第 016962 号

新世纪聪明宝宝成长宝典

编　著	虹　月	
责任编辑	孙文昌　　李孝弟	
出版发行	上海人民美术出版社	
地　址	上海市长乐路 672 弄 33 号	
印　刷	深圳市鹰达印刷包装有限公司	
	（深圳市罗湖区水贝一路水贝工业区 21 栋）	
开　本	787×1092　　1/16	
印　张	6 印张	
版　次	2003 年 3 月第 1 版　　2003 年 4 月第 1 次印刷	
印　数	1—15000 册	
书　号	ISBN 7-5322-3432-0 / G・119	
定　价	74.00 元（全五册）	